土尔扈特部
东归祖国

◎ 主编 金开诚

◎ 编著 王雪梅

吉林文史出版社

吉林出版集团有限公司

图书在版编目（CIP）数据

土尔扈特部东归祖国/王雪梅编著.－－长春：
吉林出版集团有限责任公司：吉林文史出版社,2010.11（2023.4重印）
ISBN 978-7-5463-4135-4

Ⅰ.①土… Ⅱ.①王… Ⅲ.①厄鲁特－民族历史
Ⅳ.①K289

中国版本图书馆CIP数据核字(2010)第222321号

土尔扈特部东归祖国

TUERHUTEBU DONGGUI ZUGUO

主编/ 金开诚 编著/王雪梅

项目负责/崔博华 责任编辑/崔博华 高原媛

责任校对/高原媛 装帧设计/柳甬泽 徐 研

出版发行/吉林出版集团有限责任公司 吉林文史出版社

地址/长春市福祉大路5788号 邮编/130000

印刷/天津市天玺印务有限公司

版次/2010年11月第1版 印次/2023年4月第5次印刷

开本/660mm×915mm 1/16

印张/9 字数/30千

书号/ISBN 978-7-5463-4135-4

定价/34.80元

编委会

前　言

　　文化是一种社会现象，是人类物质文明和精神文明有机融合的产物；同时又是一种历史现象，是社会的历史沉积。当今世界，随着经济全球化进程的加快，人们也越来越重视本民族的文化。我们只有加强对本民族文化的继承和创新，才能更好地弘扬民族精神，增强民族凝聚力。历史经验告诉我们，任何一个民族要想屹立于世界民族之林，必须具有自尊、自信、自强的民族意识。文化是维系一个民族生存和发展的强大动力。一个民族的存在依赖文化，文化的解体就是一个民族的消亡。

　　随着我国综合国力的日益强大，广大民众对重塑民族自尊心和自豪感的愿望日益迫切。作为民族大家庭中的一员，将源远流长、博大精深的中国文化继承并传播给广大群众，特别是青年一代，是我们出版人义不容辞的责任。

　　本套丛书是由吉林文史出版社和吉林出版集团有限责任公司组织国内知名专家学者编写的一套旨在传播中华五千年优秀传统文化，提高全民文化修养的大型知识读本。该书在深入挖掘和整理中华优秀传统文化成果的同时，结合社会发展，注入了时代精神。书中优美生动的文字、简明通俗的语言、图文并茂的形式，把中国文化中的物态文化、制度文化、行为文化、精神文化等知识要点全面展示给读者。点点滴滴的文化知识仿佛颗颗繁星，组成了灿烂辉煌的中国文化的天穹。

　　希望本书能为弘扬中华五千年优秀传统文化、增强各民族团结、构建社会主义和谐社会尽一份绵薄之力，也坚信我们的中华民族一定能够早日实现伟大复兴！

目录

一、土尔扈特蒙古的历史发展及西迁

　　土尔扈特部是蒙古族的一部分，他们自古就生活在我国北部西部的森林草原地带，是一个具有光辉历史的勤劳、勇敢的古老游牧民族。

　　土尔扈特部是我国蒙古部族中最古老的成员之一。在中外史籍中，多认为土尔扈特部的先祖是克列部的王罕，根据波斯史学家拉斯特《史集》载，王罕所率的克列部是蒙古人的一种，居住在斡难、

怯绿连两河沿岸的蒙古人地区。

《史集》中记叙了关于克列部的古老传说: 据说古代有一个君主, 他有七个儿子, 肤色全都是黑黑的。因此, 他们被称为克列亦惕。后来这些儿子的后裔分支逐渐获得了专门的名号, 到了最后, 克列亦惕便用来称呼其中产生君主的那个部落的分支了; 其余的儿子们都成为那个做君主的兄弟的仆从。

12世纪下半叶，克列部的首领是王罕。王罕在争夺统治权的过程中得到了铁木真和他的父亲也速该把秃儿的帮助和支持，铁木真称王罕为"罕父"，王罕称铁木真为儿子，形成了父子关系。王罕与铁木真在危难之际互相帮助。但随着铁木真势力的强大，日益不满于王罕的支配地位，最终导致双方关系破裂。1203年，王罕父子邀请铁木真赴宴，企图趁机杀害他，但被铁木真识破，双方正式交战。后王罕战败，被乃蛮边将所杀，克列部归铁木真掌管。王罕所率领的克列部臣服于成吉思汗后，大部分人曾充任成吉思汗的护卫。而土尔扈特部方言中"护卫军"也称土尔扈特，因此，克列便被称为土尔扈特。

蒙古经过元、明两代的发展，到明清之际，大体分为三大部分：即漠南蒙古、漠北喀尔喀蒙古和漠西厄鲁特蒙古。游牧在新疆一带的厄鲁特蒙古又分为和硕特、准噶尔、杜尔伯特、土尔扈特四部，也称四卫拉特。这时厄鲁特各部间形成了厄鲁特四部联盟，联盟中虽然也有盟主，但是四部之间互不统属，难以制衡，仍然处于分牧地而居住，自成领导的局面。17世纪初，由于畜牧业的发展，厄鲁特各部人口增加，牲畜繁殖，势力不同

程度的壮大。因此各部族之间，因扩大牧地、争夺财产而产生了许多矛盾。厄鲁特蒙古四部松散的联盟，不能控制各个部族之间争夺牧场的冲突，更无法制衡各部实力的发展，联盟内部的平衡逐渐被打破。16世纪末、17世纪初，厄鲁特四部

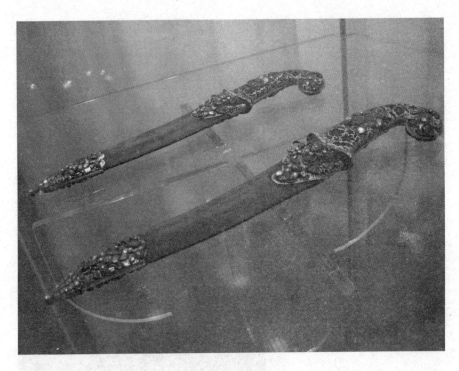

联盟的力量对比出现了新的变化。

本来，在17世纪初，厄鲁特四部联盟的盟主是和硕特部首领拜巴嘎斯，他不仅兵力雄厚，而且德高望重。但到20—30年代，准噶尔部哈喇忽拉领导的绰罗斯族的力量和影响不断增大，严重威胁着拜巴嘎斯的盟主地位。特别是到哈喇忽拉长子巴图尔浑台吉掌权时，不断地向临近的哈萨克、柯尔克孜人发动战争，致

使哈萨克等部臣服于他，准噶尔的实力
更加强大。而准噶尔部实力的强大，又威
胁着厄鲁特其他各部，巴图尔浑台吉意
欲兼并土尔扈特部，准噶尔部与土尔扈
特部的关系恶化。随着畜牧业的发展，
厄鲁特各部人口不断增加，牲畜日益增
多，造成牧场紧张。各部为了争夺牧场资
源，不断发生内乱和产生纠纷。土尔扈特
部首领和鄂尔勒克对准噶尔地方的纷争
很不满意，更不愿屈从于准噶尔而丧失
土尔扈特部的独立性，于　　　　是

产生了迁走的念头。准噶尔部势力的强大
和挤压，导致了土尔扈特部的西迁。

土尔扈特部的西迁还有一个原因，
就是为了摆脱来自沙俄的侵略和袭扰。

在17世纪初，土尔扈特部的希币牧
地已经到达了额尔齐斯河中游两岸的草
原，这时沙皇俄国的势力也已经扩展到
西伯利亚地区，与土尔扈特部等蒙古部
落发生接触。沙皇俄国为了向我国厄鲁

特蒙古侵略扩张，采取了一系列武装侵略和政治威胁的手段。1606年，俄国人入侵厄鲁特辖地巴拉宾；1607年初，俄国塔拉地方当局派了一个外交使团来到厄鲁特蒙古各部，建议他们加入俄国国籍。同年9月，又威胁和鄂尔勒克，如果不加入俄国国籍，就不准土尔扈特在额尔齐斯河流域游牧。年底，俄国政府又派出了一支二百人左右的武装骚扰军侵犯厄鲁特

人。被激怒的厄鲁特人民给予了坚决的回击,全歼了这股侵略军,打击了俄国人的嚣张气焰。1609年到1622年,俄国又几次派使者向厄鲁特蒙古各部提出向俄国缴纳实物税、加入俄国国籍、效忠沙皇等无理要求。

1623年,俄国又派出切尔卡索夫使团来到厄鲁特蒙古,又一次提出要厄鲁特蒙古加入俄国国籍的要求。多次的威胁利诱引起了厄鲁特各部的强烈不满，这次各首领斩杀了除切尔卡索夫以外的全部使者。消息传到俄国，沙皇颇感震惊，接下来便支持蒙古阿勒坦汗向厄鲁特发动战争，包括土尔扈特部在内的厄鲁特人奋起抗争，结果还是失败了。失败的厄鲁特部分牧民不得不移到鄂毕河、托木河之间的地方或更远的伊希姆河和托博尔河地区。

为了避免与准噶尔部的冲突及摆脱来自沙俄的不断侵扰，和鄂尔勒克决心带领部落西迁。

早在1618年，和鄂尔勒克便派人在伏尔加河一带做了调查，知道在伏尔加河和厄姆巴河之间有一块宽敞的草地。这里原本是诺盖汗国游牧的地区，诺盖汗国迁走之后，这里成了一块无主之地，而当时俄国的势力还没有达到这一

地区，这样土尔扈特部便找到了一块水草丰美的无主之地。

1629年，和鄂尔勒克率领其子书库尔岱青、诺亚特等以及本部的属民与和硕特、杜尔伯特、辉特等部落的属民，共计5万户，25万人，离开故乡塔尔巴哈台（塔城）向西迁徙。他们首先北上到托波尔河上游，又拐向西西伯利亚，经过哈萨克草原，越过乌拉尔河，经受了诺盖部落兀鲁思几次突袭，冲破了诺盖人、哈布奇克人、吉普恰克人、吉捷桑人的包围和堵截。1630年，土尔扈特部到达伏尔加河中下游沿岸的草原上，开始安置牙帐，放牧牛羊。他们将牙帐设在支流阿图赫巴河畔，在这里设立管理机构，建立起了新的游牧部落。此时的伏尔加河下游是一片水草丰美的广阔草原，沙皇俄国的势力远未能控制到该地区，是无主土地，土尔扈特人来到这里后建立了自己的游牧汗国，并在这片美丽的土地上劳动、生活了一百多年。

二、封建汗国的逐
步建立与发展

　　和鄂尔勒克死后，他的儿子书库尔岱青成为土尔扈特部的首领。土尔扈特部来到伏尔加河后，实行的是分散的游牧经济。经济的分散导致了政权的分散，特别是面对俄罗斯那样一个虎视眈眈的国家，政权、经济的分散会很容易被灭亡。书库尔岱青审时度势，他清楚而又谨慎地看到局势发展的危险性，认为集中政权才是唯一的生路。

　　书库尔岱青在内部巩固自己的势力，排除了一切不拥护他的台吉，对那些不支持他的政策和策略的台吉，不给分配游牧地或取消游牧地。书库尔岱青十分清楚在笃信藏传佛教的游牧民族中，取得西藏喇嘛在神权上对他最高统治权力承认的重要性。这样，书库尔岱青在1646年去了西藏，得到了西藏喇嘛对他汗权的认可。书库尔岱青建立起了一支强大的军队，由相应的兀鲁思行政长官札固尔齐领导，部落的常备军骑兵也发展到约八万人。

　　到17世纪60年代，随着书

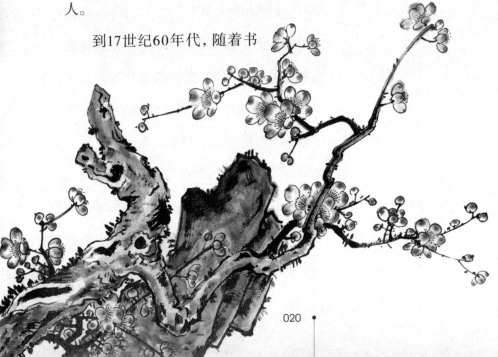

库尔岱青权力的集中，又建立起了一个
以土尔扈特部落为中心的游牧民族的封
建汗国。权力的集中与汗国的形成，使书
库尔岱青成为土尔扈特汗国最高的统治
者。根据俄国使臣戈罗霍夫1660年出访
土尔扈特汗国时写道："在书库尔岱青营
帐（小木房）之前设立了一个大厅，大厅

里面围坐着二百多人，小木房门边，站着十五个身着花绸子和缎子男长衣的人，两个佩宝剑的人在走动。只要走进小木房，就可以看到书库尔岱青，坐在对面自己的座位上。他的座位离地一俄尺多，四周有一俄丈，铺着红地毯，一端放着枕头，座位旁边放着中国制的彩绘箱子。他的膝上盖着貂皮外套，身上穿着绿色的印花长衣，手捻念珠。就在小木房里，在他旁边，约有二十个身穿皮袄和花缎长衣的亲信、领主坐在地毯上，还有十个人站着。"这段描述是对书库尔岱青称"汗"后作为最高统治者形象的写照。

1667年，书库尔岱青去世，其第四子朋楚克继承父业，担任土尔扈特部的首领。 朋楚克进一步集中权力，竭力

削弱部落里的敌对势力。朋楚克执政期间采取了一系列对内对外的有力措施，使土尔扈特汗国立足于伏尔加河流域。经过和鄂尔勒克祖孙三代生生不息的奋斗，终于建立起了一个独立自主的汗国。

1670年朋楚克去世，汗权交给了长子阿玉奇。阿玉奇生于1642年，卒于1724年，执政54年。他继位后，着手团结内部各种势力，统一分裂的汗国。由于他卓越的政治才能和领导才能，土尔扈特部获

得了极大的发展，进入了前所未有的鼎
盛时期。

　　阿玉奇汗执政初期，正值土尔扈特
部蒙古初步建立政权时期。虽然经过先
辈们的艰苦创业，土尔扈特部占据了水
草丰美的伏尔加河下游大草原地区，但
是汗国的内外局势仍然是险象环生。汗
国内部由于和硕特部阿巴赖台吉迁牧于
雅依克河畔，造成了汗国分裂割据的局

面。在汗国外部，还时时受到沙皇俄国的威胁。阿玉奇登上汗位后，针对汗国面临的内外交困的局面，采取了一系列强有力的措施，维护了汗国的统一，反击了沙俄的威胁。

当时在汗国内部对阿玉奇威胁最大的是和硕特部阿巴赖的势力。阿巴赖是和硕特部落的台吉，是和硕特部落首领鄂齐尔图车臣汗的异母兄弟。阿巴赖性情暴躁，与兄弟们长期不和，由于认

为分配父亲拜巴嘎斯的遗产不均，多年来心怀怨恨，终于爆发了武装冲突，双方各有三万军队在喀敏河对峙。鄂齐尔图车臣汗有准噶尔首领僧格与辉特部首领索尔多支持，而阿巴赖则有和硕特部昆都伦乌巴什儿子们的支援，因而这场和硕特内部的矛盾扩展为卫拉特各部的混战，战争的结果是阿巴赖惨败。他只好率部众投到昆都伦乌巴什叔父所在的雅依克左岸一带放牧。阿巴赖一到雅依克河流域，就占领周围部落的游牧地，又洗劫了杜尔伯特部达赖的牧地，并与土尔扈特汗国开战，占领了汗国的兀鲁思。

同时土尔扈特部内部也发生了内讧，两个对阿玉奇不服气的台吉即阿玉奇的堂弟杜加尔和勒克也进行了分裂活动，他们于1670年先后脱离阿玉奇。阿玉奇对杜加尔和勒克采取了隐忍的态度，反复说服劝导他们，力争和他

们团结一致。1672年阿玉奇和兄弟们联合起来与阿巴赖决战。阿玉奇采取果断措施,英勇出击,打败了阿巴赖并俘虏了他,收回了他夺去的牧地,并把他的兀鲁思归属于"汗"。

阿玉奇战胜了阿巴赖后,1673年又着手对汗国的分裂势力发动统一战争。阿玉奇采取主动攻势,一举击败了杜加尔和勒克分裂势力,将杜加尔和勒克的兀鲁思归属于"汗"。

阿玉奇卓越的政治才能、高超的战略战术和武功战绩，使他成为当时闻名遐迩的游牧民族领袖。在他执政后的短短几年中，就控制了土尔扈特汗国在伏尔加河流域所有的卫拉特诸部的兀鲁思。在他执政时期，土尔扈特汗国不仅颇具军事实力，而且还是坚持抵抗俄国侵略压迫的中坚力量。

三、土尔扈特汗国与祖国的密切联系

　　西迁后的土尔扈特部虽然远离祖国，但始终认同自己的祖国，尊重自己的民族，尊重中国王朝，一方面同虎视眈眈的沙皇俄国相周旋；一方面并没有忘记故土，顽强地保存着民族传统和宗教信仰，一直保持着与其他卫拉特兄弟部落及清朝政府之间的联系。迁居异地的土尔扈特人民受到沙俄的不断敲诈和威胁，他们采取灵活的策略同俄国人周旋，并且采取措施与其他卫拉特蒙古部落改善关系。

1640年，在准噶尔部巴图尔珲台吉和喀尔喀蒙古札萨克图汗的号召下，蒙古各部在塔尔巴哈台盟会，并且邀请远居伏尔加河下游的土尔扈特部参加。土尔扈特部首领和鄂尔勒克亲自带领自己的两个儿子书库尔岱青、伊勒风尘仆仆地回到祖国，参加了这次重要的盟会。会上通

过了加强团结和协调的原则，制订了新的法典——《蒙古卫拉特法典》，调整了蒙古各部的关系。会后，和鄂尔勒克拜会了卫拉特各部首领，并向他们介绍了土尔扈特部落在伏尔加流域的发展情况。1643年到1644年期间，和鄂尔勒克又派人参加准噶尔部对哈萨克的战争。1644年，俄国政府派遣克列皮可夫使团去准噶尔部诱骗巴图尔珲台吉，共同出兵攻打土尔扈特部。巴图尔珲台吉识破了俄国的阴谋，明确告诉俄国人和鄂尔勒克不是他的敌

人，不可能去攻打。和鄂尔勒克和巴图尔珲台吉关系改善之后，两部的往来更加密切。和鄂尔勒克将女儿嫁给巴图尔珲台吉为妻，和鄂尔勒克之孙朋楚克又娶巴图尔珲台吉女儿为妻，朋楚克之子阿玉奇自幼留在巴图尔珲台吉处抚养，后来策妄阿拉不坦（巴图尔珲台吉之孙）又娶阿玉奇女儿为妻，这种频繁的通婚关系，正是两部亲密关系的写照。

土尔扈特部迁至伏尔加河流域后，不断派人与祖国保持密切的联系，双方使节往来频繁。早在顺治三年（1646

年），当青海和硕特部固始汗向清朝朝
贡时，和鄂尔勒克之子书库尔岱青、罗卜
藏诺颜即跟随固始汗向清政府进表贡。
顺治七年（1650年），书库尔岱青又派使
臣与清政府建立了直接的联系。此后土
尔扈特使臣不断来往。顺治十二年（1655
年），书库尔岱青遣锡喇尼鄂木布向清廷
奉表贡。顺治十四年（1657年），罗卜藏诺
颜也遣使，其中有其儿子多尔济，使臣沙
克西布特、达尔汗乌巴什、阿巴赖等向清

廷贡驼二百只，携马千匹，请求在归化城（今呼和浩特）进行贸易，清政府同意了他们的请求。为了照顾他们的宗教信仰和生活习惯，清政府还允许他们到青海和西藏"熬茶供佛"。

康熙时期，土尔扈特同清朝的联系更加密切，他们的使者是由哈萨克到祖国的新疆，再经准噶尔牧地到达嘉峪关。

准噶尔汗噶尔丹发动分裂祖国的叛

乱后，土尔扈特部正值阿玉奇执政时期，他积极参与了平定准噶尔的叛乱斗争。康熙三十五年（1696年），清政府在昭莫多大败噶尔丹后，为防止噶尔丹残余势力返回伊犁，命策妄阿拉不坦在阿尔泰山一带驻防，阿玉奇则率千人积极与策妄阿拉布坦配合，使噶尔丹不敢返回伊犁。

　　噶尔丹叛乱被平定后，策妄阿拉不坦又走上了分裂割据的道路。为了胁迫阿玉奇支持他叛乱，策妄阿拉布坦兼并了阿玉奇儿子散扎布所属的一万五千多人口，又扣留散扎布为人质，但阿玉奇没有被策妄阿拉布坦吓倒，坚决地站在清政府一边，反对策妄阿拉布坦的分裂行为，阿玉奇与策妄阿拉布坦的关系恶化。康熙三十七年

（1698年），策妄阿拉布坦派兵劫掠了土尔扈特部派往北京的使团，杀了使团首领额里格克逊，并且不准阿玉奇进藏熬茶。康熙四十三年（1704年），阿玉奇的嫂子带着儿子阿拉布珠尔由伏尔加河出发，前往西藏熬茶供佛，回归时经过准噶尔地时，被策妄阿拉不坦所阻，无法返回伏尔加河，便遣使到北京，要求清政府给予安置。清政府封阿拉布珠尔为固山贝子，划嘉峪关外色尔腾为其游牧地。由于策妄阿拉不坦的倒行逆施，阻断了土尔扈特部和祖国的通道，也割断了土尔扈特部同清政府的联系。

尽管这样,土尔扈特仍旧设法与清政府取得联系。康熙四十八年(1709年),阿玉奇又派出以萨穆坦为首的使团,取道西伯利亚,经库伦、张家口,一路上历尽艰辛,历经两年多时间,于1712年春抵达北京。使团的公开使命是商谈阿拉布珠尔返回土尔扈特部的问题,秘密使命是商谈双方如何联合起来对付策妄阿拉布坦,并探求土尔扈特部重返祖国的可能性。康熙为了表示对远离祖国、寄居异乡的土尔扈特部得关怀,迅速派内阁侍读图里琛等组成使团,前往伏尔加河下游,探望土尔扈特部。

图里琛等人组成的使团,是清政府派出的第一个探望土尔扈特部的使团。康熙五十一年(1712年)六月,图里琛率

领三十四人的使团由北京出发，经过张家口，北上穿过察哈尔蒙古到喀尔喀蒙古，再由楚库柏兴（今俄罗斯色楞格斯克）进入西伯利亚，由于俄国政府的百般阻挠，使团直到康熙五十三年（1714年）一月，才到达俄罗斯与土尔扈特的边界萨拉托夫。当阿玉奇得知祖国使节要来的消息后，非常高兴，立即召集部落，修治毡帐，做好一切准备，欢迎祖国的使者。四月十二日，图里琛到达阿玉奇驻地马奴托海。土尔扈特的台吉、喇嘛率众前来迎接，沿途陈设宴席，使团一行人受到了土尔扈特人热烈的欢迎和隆重的款待。图里琛等人向阿玉奇下达了康熙的谕旨，转达了康熙的问候。阿玉奇对图里琛表达了对俄国侵扰的不满，明确表示土尔扈特蒙古与祖国血脉相连，是祖国大家庭的一员。阿玉奇等人还向图里琛详细地询问了祖国的政治、经济情况，表现了土尔扈特人对祖国的眷恋之情。使团于康熙五十四年（1715年）四月底回到北京，得到了康熙帝的嘉奖。后来，图里琛用满汉文字写成《异域录》一书，记载了这次出使的具体情况。

阿玉奇逝世后，俄政府加强了对土尔扈特的控制，但土尔扈特与清政府的联系仍然没有间断。雍正八年（1730

年），雍正皇帝又派侍郎托时、副都统满泰等借祝贺新沙皇彼得二世即位之机，前往土尔扈特探望，满泰等人顺利到达土尔扈特。

乾隆二十一年（1756年），敦多克达什遣使吹札布等人，假道俄罗斯，冲破俄国的重重阻挠，历时三年，回到祖国，到热河行宫朝觐乾隆，并请求去西藏礼佛。吹札布等人受到清政府的热情接待，乾隆在热河避暑山庄亲自接见了吹札布等人，赐宴万寿园，之后又派遣官员护送其入藏熬茶礼佛，并亲自赋《宴土尔扈特使臣》诗以记："乌孙别种限罗刹，假道崎岖岁月余。天阙不辞钦献赆，雪山何碍许熬茶？覆帱谁可殊圆盖，中外由来本一家。彼以诚输此诚惠，无心蜀望更勤遄。"次年，吹札布一行返回北京时，乾隆

帝再次召见他们,详细询问了土尔扈特人
在伏尔加河下游的生活、生产情况以及
和俄国的关系。吹札布介绍了他们的遭
遇和困境,表示在土尔扈特力量不足以
对付沙俄的情况下,对沙俄只是暂时依
附,并未完全臣服,也不是沙俄的属国。
除了清政府的命令外,他们绝不听命于
任何人。为了加强与祖国的联系,吹札布
建议清政府谕令哈萨克,以后土尔扈特
部经由所部纳贡,不必再假道俄国,免去
沙俄的阻挠,为此详细标明他们所居住
的疆域,绘制草图献给乾隆帝。

四、沙俄对汗国控制的加强与武装起义的酝酿

土尔扈特西迁后，沙俄政府在征服喀山阿斯特拉罕之后，进一步向伏尔加河和顿河流域扩张势力，刚到伏尔加河下游的土尔扈特部落，便成为其征服的对象。16世纪中叶，沙俄用武力相继占领喀山汗国、阿斯特拉汗国和诺盖汗国之后，把侵略的魔爪伸向了土尔扈特蒙古。但土尔扈特人一直奋起抗争，从未屈服。

1645年，和鄂尔勒克为争得土尔扈

特部自由通商的贸易权，带兵进逼到阿斯
特拉罕城下。不料，遭遇到沙俄的伏兵，
和鄂尔勒克的自卫军中了埋伏，仅有少数
部落子弟突围出来。和鄂尔勒克和他的
几个儿子都在这次战斗中壮烈牺牲。

　　面对沙俄的威胁，和鄂尔勒克的后
继者——儿子书库尔岱青、孙子朋楚克、
曾孙阿玉奇等都没有被沙俄的
淫威吓倒，他们
采取了灵活的

手段，与沙俄进行了坚决的抗争，明确地
对侵略者表示：他们不会屈服于沙俄，不
会做沙俄的奴隶。

17—18世纪，彼得一世统治沙俄期
间，实行积极的对外扩张政策，一方面，
在南方夺取黑海出海口，和瑞典进行长
期战争；为支撑战争的需要，沙俄在国内
对人民进行残酷的剥削和压迫，加紧征
兵征税，同时，对邻近的土尔扈特蒙古等
部，通过各种手段进行政治控制和经济

掠夺，并强迫土尔扈特部众当兵开赴前线为其作战，伤亡颇多，严重削弱了土尔扈特蒙古的力量。1673年（康熙十二年）后，沙俄又强迫土尔扈特签订了一系列不平等条约，取得了在土尔扈特蒙古地区多种商贸经济特权，并进一步在政治上实行控制，公然宣称土尔扈特已属己有，因而遭到土尔扈特人的强烈反对和顽强抗击。17世纪60年代，土尔扈特部积极响应了拉辛领导的顿河流域的农民起义；17世纪末，土尔扈特又积极支持了巴什基尔人起义。康熙四十七年（1708年），在阿玉奇的领导下，土尔扈特袭击了沙俄统治下的许多城市和地区，狠狠打击了沙俄的嚣张气焰。雍正二年（1724年），沙俄当局利用阿玉奇病逝的机会，趁机对土尔扈特加强控制，并强行对土尔扈特汗进行任命。自此后，沙俄对土尔扈特的控制从政治、经济、宗教各个

方面步步紧逼。

乾隆二十六年（1761年），渥巴锡继位，时年仅19岁。渥巴锡继承汗位时，正是俄国女沙皇叶卡捷琳娜二世统治时期，这时的俄国政治、经济都处在极端混乱的状态下，社会矛盾非常尖锐。叶卡捷琳娜为了维持统治，除了对全国各族人民加强盘剥外，也加强了对土尔扈特的控制和掠夺。

渥巴锡汗年少继位，沙俄趁机要通过改组扎尔固（部落会议）来限制汗王的

权力。扎尔固是土尔扈特汗王之下设立的权力机构，由汗王信任的八名王公组成，实际上是汗王手下的辅助大臣和助手，根据《1640年蒙古厄鲁特法典》，扎尔固的一切决定只有经过汗的批准，才能在法律上生效。但沙俄政府在1762年8月20日颁布的新的扎尔固条例规定，扎尔固成员不得由汗任命，它的组成必须经过俄国政府的批准，汗不能随意改变扎尔固的决定，并对扎尔固成员实行年

俸制，与汗享有平等的地位，更有甚者，俄国政府还指派了一名军官参加扎尔固，使渥巴锡汗大权旁落，俄国政府在政治上主宰了土尔扈特蒙古诸部。沙俄通过改革扎尔固，达到了架空汗权，削弱渥巴锡汗权力的目的。

不仅如此，沙俄还在改革的幌子下，妄图扶植完全东正教化了的土尔扈特贵族敦杜克夫家族，以取代渥巴锡的统治，重建土尔扈特部政权，从而使土尔扈特部完全东正教化，成为俄国的一个新的行政区。沙俄政府的做法，引起了整个土尔扈特部从王公贵族到广大牧民的极大

忧虑和不安，面对民族权利即将丧失的危险，全体人民不能不认真考虑该如何摆脱困境。

土尔扈特西迁伏尔加河流域后，俄国政府向伏尔加河流域移民，迁来了大量的哥萨克和俄国农民在伏尔加河、雅伊克和杰列克河沿岸开垦土地，建造居民点和教堂。巴什基尔人和哥萨克人不断地侵袭和骚扰土尔扈特人的生活，他们抢走土尔扈特人的牲畜，霸占土尔扈特人的牧场。随着移民增多，垦区扩大，土尔扈特人的牧场不断缩小，牧业经济受到威胁。俄国的移民政策不仅严重威胁了土尔扈特民族的生存，而且也加深了汗国的经济危机。

沙俄统治者把土尔扈特人看作是丑陋、愚笨和肮脏的野蛮人，为了满足沙皇对外侵略扩张的需要，俄国政府对土尔扈特人民无休止地征兵，给土尔扈特人带来了巨大灾难。

沙俄政府在与其邻国瑞典、土耳其的争夺战中，向土尔扈特部无休止地征兵，在战争中，专挑土尔扈特人当先锋，死于战争的土尔扈特人成

千上万, 给土尔扈特人造成了惨重损失。

1768年至1769年, 沙皇俄国又发动了对土耳其的大规模战争。战争之初, 沙俄政府强征土尔扈特人参战, 死伤已有七八万人, 俄国也遭到巨大损失。为了扭转战局, 沙俄政府又向土尔扈特部征兵, 命令16岁以上的人尽行出征, 沙俄想趁这次机会借刀杀人, 把土尔扈特人的有生力量一举消灭。可怕的灭顶之灾, 使土尔扈特部人人忧惧, 整个部落处于动荡不安之

中。为了挽救土尔扈特部危亡的命运，渥巴锡决定带领全族返回祖国。

据记载，早在1767年，渥巴锡已经积极酝酿返回祖国。一个完全东正教化的和硕特部的叫扎木杨的人，由于和渥巴锡有矛盾，在1767年3月到1769年5月间，五次写信密告渥巴锡和策伯尔多尔济，计划背叛俄国到中国去。然而傲慢的俄国政府认为，这是扎木杨玩弄的权术，根本不予相信。乾隆三十五年（1770年），渥巴锡从土耳其战场上归来后, 和他的近支侄儿策伯尔多尔济积极准备重返祖国。渥巴锡建立了回归的领导核心, 主要成员有五人: 策伯尔多尔济、舍楞、巴木巴尔、书库尔洛桑丹增大喇嘛、达什敦多克。

策伯尔多尔济是渥巴锡的堂侄, 但比渥巴锡年龄大, 足智多谋, 具有丰富的斗争经验和强烈的民族意识, 他是汗国扎尔固首席, 始终积极支持并宣传武装起

义东返祖国的计划。他是仅次于渥巴锡的重要领导人。

舍楞，是策划武装起义、东返祖国的另一位重要领导成员，他比较熟悉祖国的情况。

巴木巴尔，是渥巴锡的堂弟，是朋楚克次支曾孙，他的兀鲁思仅次于渥巴锡和策伯尔多尔济，为人从容稳重、诚实守信，善于交友，消息灵通，他是扎尔固主管外交和联络方面的扎尔固齐，并主管收集情报，还主管汗国的保密和保卫工作。

书库尔洛桑丹增大喇嘛，为阿嘉库伦寺的首席喇嘛，也是渥巴锡的堂兄，是专门负责祭祀和法纪的扎尔固齐。他曾被派往西藏达赖喇嘛处学习，表现

优异,学成回来后,深得土尔扈特僧众的
尊重。洛桑六世圆寂后,继任洛桑七世喇
嘛。最初渥巴锡召集决策人物讨论归国
的时候,洛桑丹增认为时机不成熟,但决
策层都同意汗的意见,他也不得不赞同。
他向渥巴锡传达了七世达赖喇嘛的"断
言":1770年、1771年是土尔扈特人走向
光荣的两年,也是离开俄国最为有利的两
年。因为根据佛历,1770年是虎年,1771
年是兔年。就是说,假如土尔扈特人在
1770年出发,全族一行将会借助虎的力
量和兔 的速度实现预定计划。

　　达什敦多克，是渥巴锡的表兄。他是负责土尔扈特汗国财政和后勤方面的扎尔固齐。他为人练达，善于筹划，处事深谋远虑，精细周到。他为了保证东归的物资供应，提前一年就制造了许多精良的战车、幌车、武器和器具，储备了大量的粮食、奶酪、肉干和军需品。他在极其隐蔽的环境下，领导他所在的"空格斯"兀鲁思，制造了大量的长矛、大刀、鸟铳和猎枪，为东归祖国做了物资上的充分准备。

　　1770年秋，在伏尔加河西岸的维特梁卡，汗国召开了以上六人参加的绝密会议，经过庄严宣誓，通过明确决议：离开俄国，东归祖国。并强调事情的成功在于保密，失败在于泄密，时机成熟才向汗国人民宣布具体的时间。

　　1769年3月间，曾在汗国任职的别克

托夫截获了一封信,信是写给土尔扈特
籍法官的,是法官的姐姐、原准噶尔贵族
的妻子写的,信中说:渥巴锡和舍楞打算
迁移准噶尔。这引起了别克托夫的不安,
但他于1667年6月间已到阿斯特拉罕任
职。当时主管汗国事务的是基申斯科夫
上校,基申斯科夫是个自负傲慢的人,他
对土尔扈特人不屑一顾,也不相信在俄国
强大的压力和严密的监视下会有此事,他
向俄国政府担保绝无此事,认为是别克
托夫制造混乱,排挤自己。

　　为了消除俄国的怀疑,蒙蔽俄国政
府,渥巴锡努力以极大的热情去改
变女王对自己的
不良印象。在

1669年1月间至1770年底,应俄国政府之命,渥巴锡亲率土尔扈特骑兵两万人去参加俄国对土耳其的战争,并在战斗中击败土耳其军队取得胜利。巧妙的计谋,灵活的战术,为渥巴锡等人顺利回归赢得了时间。

　　1770年11月,渥巴锡下令集合所有部队,并写信给在外地过冬的基申斯

科夫，声称他之所以集合部队，是由于听说哈萨克人将要进攻而作应战的准备。直到这时，一向刚愎自用的基申斯科夫才开始有所怀疑，派数十名哥萨克士兵到渥巴锡驻地去探听虚实。

形势的急剧变化使渥巴锡不得不决定将行动提前。他们本来计划要等到伏尔加河结冰以后，携同西岸的一万余户土尔扈特人一道返回故土。不幸的是，当年竟是暖冬，水流奔腾，总不结冰，西岸的人过河无望，渥巴锡不能再等待了。1771

年1月15日，渥巴锡在雷恩沙漠附

近别尔图地区集结了汗国的军民，

他满怀激情地对大家说，俄国女皇

已命令，把他的儿子和各部落头领

的儿子们送到彼得堡，而且要从土

尔扈特部落选出一万名子弟，派往俄

国军队中去，仅仅一年，土尔扈特已

派出了八万名子弟为俄国做炮灰。渥

巴锡号召大家，为了摆脱俄国的压

迫，别无他法，只有回归祖国。策伯

尔多尔济也在大会上慷慨陈词，他

指出，俄国人无视土尔扈特人的生

命，不断地派他们为俄国卖命，并且蔑视他们的宗教，如果土尔扈特人不进行反抗，早晚会变成俄国人的奴隶，成为他们奴役的对象，永无出头之日。土尔扈特人民对俄国政府的压迫早已忍无可忍，经过渥巴锡的动员和号召，坚定了他们一举东归的决心，汗国首领的决策成了他们的行动。他们高呼："决不能让我们的子孙永远做奴隶，走啊，到太阳升起的故乡

五、英勇悲壮的
东归之路

去。"

1771年1月16日，是土尔扈特部历史上最值得纪念的日子，这一天，土尔扈特人掀起了反抗沙俄统治的武装起义，开始踏上了漫长的重返祖国的征程。我国早期研究土尔扈特历史的学者马汝珩、马大正在《飘落异域的民族——17—18世纪的土尔扈特蒙古》一书中，这样描述这次行动的详细过程：在渥巴锡进行总动员后的次日凌晨，寒风凛冽，阵阵劲吹，当旭日的阳光洒向大雪覆盖着的伏尔加草原时，皑皑的白雪映射出耀眼夺目的光芒。这时，成千上万的土尔扈特妇孺和老人，乘上早已准备好的马车、骆驼和雪橇，在铁马横刀的骑士们的护卫下，一队接着一队陆续出发，彻底离开了他们寄居了一个半世纪的异乡，朝着太阳升起的地方走去。当大队人马离开之后，约有一万名土尔扈特人留下来，把所有不能带走的什物遗弃。渥巴锡汗带头点燃了自己的木制宫殿。刹那间，无数村落也燃起了熊熊烈火，辽阔的草原升起了滚滚的浓烟。这种破釜沉舟的悲壮义举，表现了土尔扈特人对俄国迫害的极端仇恨心理，表示了他们将一去不复返，从此同俄国彻底决裂的决心。

阿斯特拉罕总督别克托夫得知土尔扈特部东归的消息后，跳上雪橇，日夜兼程，以每天三百英里的速度，赶到圣彼得堡报告。俄国宫廷顿时充满了惊恐、愤怒和慌乱。叶卡捷琳娜二世女沙皇感到罗曼诺夫家族受到了极大的羞辱，暴跳如雷。她下令把基申斯科夫锁拿治罪，关到地牢中直到死为止，并下达命令，尽一切努力使土尔扈特人回到伏尔加。同时，对留在伏尔加

河左岸的一部分土尔扈特人加紧看守，以防他们追随渥巴锡东返。这部分土尔扈特人始终未能返回祖国。

土尔扈特人在前有哥萨克骑兵拦截，后有俄军尾追的形势下，浴血奋战，义无反顾，开始了艰难的征途。渥巴锡把三万三千多户近十七万人的队伍分成三路大军：一路以巴木巴尔和舍楞率领精锐部队为开路先锋，驱逐乌拉尔的哥萨克骑兵，为队伍得前进扫清障碍；一路以达什敦多克和书库尔洛桑丹增大喇嘛率领的其余领主队伍为两边侧翼行走；一路是渥巴锡和策伯尔多尔济率领两万战士殿后，以阻击敌人的追杀。先头部队以迅雷不及掩耳之势，摧毁了乌拉尔河上的俄国据点，使大队人马安全地从冰上过河，顺利地踏上了大雪覆盖的哈萨克草原。在东归途中，土尔扈特人在渥巴锡的率领下，英勇克敌，战胜了各种艰难险阻。在他们踏上哈萨克草原不久，一支外翼队伍遭到了哥萨克骑兵的突然袭击。这是一次惨绝人寰的战斗，由于土尔扈特部以分散的队形赶着大批的牲畜前进，在受到袭击时还没来得及集中力量，便展开了白刃搏斗，致使九千名战士壮烈牺牲。战士们殷红的鲜血染红了哈萨克草原，他们用生命保卫了大部队的安全。

　　二月初，土尔扈特部的东进队伍来到奥琴峡谷，山口被一支庞大的哥萨克骑兵抢先占据，整个队伍无法前进。在这紧急关头，渥巴锡指挥若定，亲率五队骆驼兵从正面猛攻。策伯尔多尔济则率领一支训练有素的枪队从后面袭击，彻底歼灭了拦截之敌，为牺牲的同胞报仇雪恨，使大队人马顺利通过了峡谷。

　　土尔扈特部经过多次激烈战斗，大批人员牺牲，大量牲畜死亡。在漫长的征途中，疾病侵袭，饥饿折磨，疲惫不堪的队伍扶老携幼，在生死边缘苦苦挣扎。德昆赛在其书《鞑靼人的反叛》中曾记载：往往早晨醒来的时候，几百个围在火堆旁的男人、女人和儿童已经全部冻僵死去。当土尔扈特人奔向图尔盖河的时候，俄国奥伦堡总督特鲁本堡率领五千俄军从奥尔斯科要塞出发，并唆使哈萨克小帐的首领努尔阿里汗联合巴什基尔人共两万余军队，追赶土尔扈特的东进队伍。由于战斗的伤亡，疾病的困扰，土尔扈特部人口大量减少，饥饿又不断袭击着这支队伍。面对着重重困难，有人失去了信心。

在这生死存亡的紧要关头，渥巴锡召开了一次扎尔固，他召集各部首领，动员大家团结抗敌，坚持到底！策伯尔多尔济在会上慷慨陈词："如果走回头路，每一步都会碰到亲人和同伴的尸骨。这里是奴隶的国度，而中国才是理想之邦，让我们奋勇前进，向着东方！向着东方！"这一席慷慨激昂的陈词，如战鼓一样擂响在每一个战士的胸膛。3月，土尔扈特人奋不顾身，击退了拦截部队，强渡图尔盖河。

4月中旬，春天来临，他们冲破了敌人的阻截，两万多俄军根本就不是强悍的土尔扈特骑兵的对手，一冲即溃。土尔扈特人虽然打败了俄国军队的进攻，却遇到哈萨克小帐努尔阿里汗部下不时地偷袭，人马伤亡很多。但是土尔扈特人没有屈服，继续克服重重障碍，顽强前进。

5月23日，努尔阿里汗与奥伦堡的省长和俄国的将军们，准备在捷尔萨康河会合，想前堵后截一举打垮土尔扈特军民。这支由哥萨克和巴什基尔人组成的骑兵团，从奥尔斯科慢腾腾地出发，当他们到达捷尔萨康河时，土尔扈特人早在五天以前就全部渡过了河。士兵在捷尔萨康河等了好几天，不见土尔扈特人的影子，在河两岸吃不上东西，水土不服，得了浮肿病，马匹也纷纷倒毙，无法战斗，一了解才知道已无法追击越走越远的土尔扈特军民。占有地利的努尔阿里汗劝奥伦堡省长和俄国将军们别走，而俄国将军们只留给努尔阿里汗三门炮和一千名骑兵，就撤退了。

哈萨克人的抢掠给土尔扈特人造成了巨大的灾难。张体先在《土尔扈特部落史》中描绘：为了避开哈萨克人的抢劫，土尔扈特人只好走沙漠地区，这儿由于水源缺乏，没有水井，有人喝了沼泽地的水，开始拉痢疾，牲畜喝了沼泽地的水，纷纷倒毙，人们只好喝牛马之血以解渴，部落牺牲了几万土尔扈特生灵，损失了几

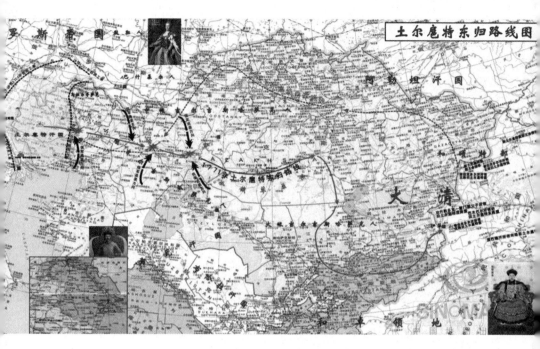

土尔扈特东归路线图

十万牲畜。英勇的土尔扈特人民绝不回头，掩埋了乡亲们的尸体后，又悲壮地踏上了征程。但是，人畜都得了浮肿病和各种疾病，行军速度减慢。渥巴锡决定，大家分散开，一帮一帮地走路。这样，行军速度才能加快，但队伍分散开后，哈萨克在各种间隙中进攻土尔扈特人，抢走了无数的人畜和财宝。

6月中旬，当土尔扈特抵达莫尼泰河时，又陷入了哈萨克五万联军的重围，

在重兵围困之际，渥巴锡实施缓兵之计，派出使者与对手谈判，同意送还在押的一千名俘虏，以换取停火三天的休整机会。在第三天傍晚土尔扈特人突然发动总攻，终于突出重围。"就在第三天的傍晚，猛攻哈萨克联军，经过浴血奋战，牺牲了无数英勇战士的生命，成功突围，越过了姆英格地区。"为了摆脱哈萨克军队的追击，土尔扈特人选择了不便行进的巴尔喀什湖西南沙砾地区的道路，走戈壁逾吹河、塔拉斯河一路，沿沙喇伯勒抵达伊犁河流域。

7月中旬，土尔扈特部越过俄国的边界小堡——坑格勒国拉，终于踏上了祖国的领土——伊犁西南塔木哈卡伦附近，结束了长达七个月、一万多里的东征，此时浩浩荡荡的大军仅剩下六万六千零一十三人。回到祖国的土尔扈特人，经过长途跋涉、颠沛流离，几乎丧失了所有的牲畜。他们形容枯槁，衣衫褴褛，靴鞋俱无，孩子们衣不蔽体。

土尔扈特部东归祖国的过程是十分悲壮的，经历了难以想象的痛苦和磨难，终于回归祖国的怀抱。正如一首卫拉特

民歌所写：

额济勒河的水，

我们争分夺秒地去渡过，

追击而来的萨拉达斯，

我们用刀枪弓箭去消灭。

启程东返的土尔扈特，

何惧萨拉达斯的威胁，

在蒙古人勇猛顽强的抵抗下，

敌人夹着尾巴逃跑。

　　离了遥远的额济勒河水，

　　回到了故乡伊犁河。

　　渥巴锡从开始东归祖国开始，就派格
桑大喇嘛一行五人，快马加鞭用三个多月
的时间赶到伊犁，向清朝政府报告土尔
扈特人东归而来。1771年4月，清政府从俄
国政府的函告中获悉，土尔扈特部众正
在东返的途中。当时清政府的态度是，若
土尔扈特人靠近边界，则允许进入，妥善
安置。为了迎接土尔扈特人，清政府做了

充分的准备。乾隆帝唯恐科布多参赞大臣书景阿在任时间短、经验不足，遂派吉福到科布多办理此事。但他又担心土尔扈特人不清楚清政府的态度，不敢贸然入境而躲藏起来，又指示挑选与土尔扈特人有骨肉关系的杜尔伯特、乌梁海兵丁出去寻找土尔扈特人。吉福到达卫霍尔卡伦后，抽调兵丁二百名，和尼迈拉虎卡伦日夜寻找回归的土尔扈特人。5月10日，

乾隆帝又命令奉旨来京的参赞大臣舒赫德，不论在何处接旨，马上返回伊犁，协助伊犁将军伊勒图办理此事。

对于土尔扈特回归一事，清廷朝野议论纷纷。尤其是对舍楞等人的处置，也有不同的意见。舍楞曾参加过准噶尔部的叛乱，在清军平定叛乱后，他们逃入俄罗斯。舍楞在清军追剿的时候，还诱杀了清副都统唐卡禄。这次他们随土尔扈特

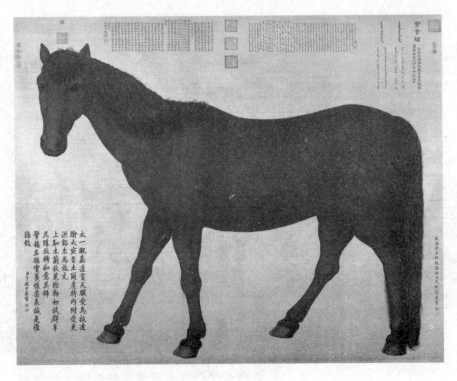

部返国，自然会引起人们的各种猜测，有人认为应该在边界设兵，以防不测。乾隆帝最初对此事也很谨慎，嘱咐边界既要好生安抚，又要谨慎防备。但综合了各种信息分析之后，乾隆认为，土尔扈特部不顾艰难险阻，历尽艰辛，不惜付出巨大代价回到祖国，这不会是舍楞等几个人能左右得了的事情；再说，俄国与中国都是大国，他们怎能既叛离俄国又骚扰祖国，

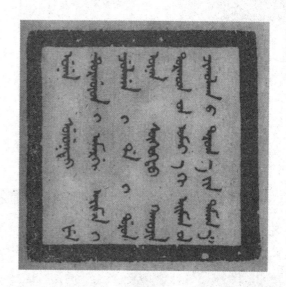

使自己处于进退两难的境地。于是，乾隆帝得出结论，土尔扈特部回归的事十之八九是真的，并且对他们的回归表示欢迎，还提出了安置的具体办法。

清朝政府派伊犁将军去迎接土尔扈特人，但直到乾隆三十六年五月二日，伊犁将军仍没有得到土尔扈特回来的具体消息。终于在六月九日（1771年7月20日），策伯尔多尔济率领的前锋部队到达伊犁河流域的察林河畔，见到了清军。策伯尔多尔济等人见到祖国的亲人非常激动，献上了给皇上的托特文文书和马匹等礼

六、清政府的盛情
款待与妥善安置

品。渥巴锡到达后，见到了伊勒图和舒赫德，渥巴锡将一些玉器、自鸣钟、宣窑瓷器、自来火鸟枪、拉古尔木碗及明永乐八年所受汉篆玉印一颗，献给了清政府，表示了他们回归祖国的心意。伊勒图代表乾隆帝对他们的回归表示欢迎，并询问他们归途的经历和生活情况。渥巴锡叙述了路途的艰辛，表达了他们回归祖国的强烈愿望。

舒赫德一面安置先行到达的土尔扈特人，一面派总管伊昌阿、硕通前往沙拉伯勒迎接尚未到达的土尔扈特人，同时还采取一系列紧急救助措施。土尔扈特人虽然到达了伊犁地区，但由于经过长途跋涉，其悲惨情景使人目不忍睹。土尔扈特由伏尔加河启程时共三万三千多户，近十七万人，经过沿途的战斗伤亡、疾病、饥饿的困扰，大约有一大半人死在了回归的路上。他们几乎丧失了所有的牲畜，人们衣衫褴褛，很多人衣不蔽体，靴鞋全无，为抵御寒冷，只能用皮布裹体。而小孩则多赤身裸体。他们既无蒙古包，也无帐篷，随便栖息于旷野之中。面对着土尔扈特人为回归祖国所经历的艰辛和磨难，乾隆帝大为震惊，也深为土尔扈特人不畏艰险返回祖国的精神所感动，于是采取了一系列的紧急救助措施。土尔扈特人到达后，清政府暂时将他们安置在斋尔等地过冬，基本分布情况为渥巴锡部众在博湖图，策伯尔多尔济、舍楞部众在纳穆，巴木巴尔、旺丹、博罗、默门图部众分别在楚尔、多罗诺图、乌兰霍托、舒鲁岱等地，同来的和硕特人在济尔噶郎等地。清政府从各处调集粮食，运至伊犁河两岸；组织人力捕鱼伐木，搭盖临时房屋；又令商人送生活用品到伊犁河岸，分给土尔扈特人，由政府支付费用；并派遣医生给有病的土尔扈特人治病，病情严重

者，留在伊犁治疗。还拨出官银20万两，紧急动员了新疆、甘肃、陕西、宁夏及内蒙古等地各族人民以大量的物资供给土尔扈特部：马牛羊二十余万头、米麦四万多石、茶两万余封、羊裘五万多件、棉布六万多匹、棉花近六万斤、毡庐四百余具。这些物资及时帮助了饥寒交迫的土尔扈特人渡过了难关。

土尔扈特部到达伊犁后，乾隆帝便命令舒赫德挑选重要台吉到避暑山庄觐见。舒赫德选了12名台吉、一名喇嘛。乾隆三十六年六月二十五日（1771年），舒赫德率领渥巴锡等13人及跟役44名，从伊犁

出发，经乌鲁木齐、巴里坤而来。当时乾隆帝特派御前大臣亲王固伦额驸色布腾巴勒珠尔赶赴巴里坤接替舒赫德赶赴承德，让舒赫德返回伊犁主持安置事宜。渥巴锡等人从巴里坤经哈密、肃州、凉州、宁夏、大同至宣化，然后由怀安县到张家口，从察哈尔旗进入避暑山庄。清政府为了接待渥巴锡一行，令沿途官员热情接待，而且对渥巴锡一行所用马匹、牲畜一定要准备充足，不得耽误渥巴锡的行程。

沿途因接待不周而被革职的官员有四人。甚至连山西巡抚鄂宝、直隶总督杨廷璋也因此受到申斥。为了慰问土尔扈特部首领，乾隆帝两次送来荷包、桂子，赏赐给来朝之人。

乾隆三十六年九月八日（1771年10月15日），渥巴锡一行在伊锦峪觐见乾隆皇帝。接待时清高宗用蒙古语详细询问他们的历史以及身居异国和东返时的情况，高度赞扬了他们返归祖国的英勇行动。乾隆以茶食招待了他们，并赏赐了鞍马橐鞬、顶戴冠服，让他们一同观看围猎。第二天，乾隆又在伊锦峪围猎营地设盛宴招待渥巴锡一行，参加盛宴的有大臣权贵、内外蒙古王公和卫拉特蒙古诸部首领86人。渥巴锡一行在一年一度的围猎中，见到了先期东归的车凌乌巴什的围班扈跸行围。舍楞与乌巴什是老相识，二人在围场相会，喜出望外，握手言欢，立誓要永远维护祖国统一，一时

被传为佳话。

乾隆帝回到避暑山庄后，又在澹泊敬诚殿接见渥巴锡一行，并多次在万树园举行盛大灯宴火戏，还命著名画师将此次盛会绘图留念。之后又在四知书屋和卷阿胜境单独接见了渥巴锡并与之长谈，渥巴锡向乾隆讲述了东归的历程和祖辈的历史。

渥巴锡一行在避暑山庄住了将近半个月，参加了清政府举行的所有盛典。这一年，正值普陀宗乘之庙落成。普陀宗乘之庙修建于乾隆三十二年（1767年）至乾隆三十六年（1771年），历时四年半，耗银二百万两，占地二十二万平方米，仿照西藏布达拉宫而建，为外庙群中规模最大的普陀宗乘之庙。乾隆帝特意带渥巴锡等人前去参加瞻礼，并与喀尔喀、内蒙古、青海、新疆等地的少数民族王公贵族欢聚一堂，举行盛大的法会。乾隆帝还下令在普陀宗乘之庙内建立起两块石碑，上面用满汉蒙藏四种文字镌刻下他亲自撰写的《土尔扈特全部归顺记》和《优恤土尔扈特部众记》碑文。

渥巴锡等人在山庄停留期间，乾隆帝对土尔扈特王公大加赏赐。除一次赏给渥巴锡银五千两、策伯尔多尔济银四千两、舍楞银三千两之外，几乎每宴必赏，赏赐名目很多。清政府对土尔扈特的优厚待遇，是对土尔扈特部回归之举的很好的安慰。

清政府根据土尔扈特部首领原有地位的高低，对朝廷效忠的程度和功劳的大小，此

前在俄国兀鲁思的多少，以及归来后剩余属民的多少，分别授予他们汗、亲王、郡王、贝勒、贝子、镇国公和辅国公等爵位。

乾隆三十六年九月十七日（1771年10月24日），乾隆在承德避暑山庄颁布对土尔扈特部首领封爵谕令：

渥巴锡为乌纳恩素珠克图旧土尔扈特部卓里克图汗。

策伯尔多尔济为乌纳恩苏珠克图旧

土尔扈特部毕锡呼勒图亲王。

舍楞为青色特奇勒图新土尔扈特部弼哩克图郡王。

恭格为巴图色特奇勒图和硕特部土谢图贝勒。

默门图为乌纳恩苏珠克图旧土尔扈特部济木哈朗贝勒。

达什敦多克为乌纳恩苏珠克图旧土尔扈特部一等台吉。

沙喇扣肯为青色特奇勒图新土尔扈特部乌察喇勒图贝子。

奇布腾为乌纳恩苏珠克图旧土尔扈特部伊特格勒贝子。

雅兰丕勒为巴图色特奇勒图和硕特部阿睦尔聆贵贝子。

乾隆三十六年十月初一（1771年11月7日），乾隆又在避暑山庄根据舒赫德、渥巴锡的上报资料，颁布了对土尔扈特部另外34名首领的封爵谕令，共封有贝勒一名，辅国公一名，贝子二名，其余为台吉。

清政府在少数民族政策上采取的是

"恩威并施""剿抚并用"的方针，一方面对少数民族的上层分子实行拉拢的政策，一方面对反抗清政府统治的民众实行武力镇压的政策。对于东归的土尔扈特部，清政府同样采取了相同的统治办法。

乾隆对土尔扈特部的安置原则就是众封以分其势。乾隆多次表示，分封时要把渥巴锡、策伯尔多尔济、舍楞分开来封，不能共处一地。渥巴锡对此曾表示过

过异议，但现在的领导核心已经失去了东归时的团结，出现了争权的状况。

策伯尔多尔济在东归之前，为了争夺土尔扈特部汗权，本来就与渥巴锡有矛盾。当他们需要共同面对民族危亡的时候，能够团结起来，一致对外。当胜利东归后，潜在的矛盾又开始上升，开始争夺东归之功。策伯尔多尔济多次表示，东归的功劳他大于渥巴锡，应当封他为汗，不能封渥巴锡为汗，骄傲自大的情绪渐长。后来清政府封了他亲王，他才高兴一点。

至于舍楞，由于得到清政府的宽大和赏赐，封他为青色特奇勒图新土尔扈特部弼哩克图郡王，对清政府感恩戴德。但从封爵后，开始藐视渥巴锡，见渥巴锡的面也不打招呼，渥巴锡和他说话也不爱理睬。

在这种情况下，渥巴锡不可能得到他们的支持，只好放弃自己的统辖圈，把全部精力都放在协助清政府安置部众上。

乾隆对土尔扈特的安置有一总体设想：既怕他们住在伊犁之沙喇伯勒等处附近，因为西边之地容易逃窜，又怕他们住在乌鲁木齐一带，哈密、巴里坤卡附近。乾隆的意思是将土尔扈特人安置在塔尔巴哈台、科布多之西的额尔齐斯、博罗塔拉、额密勒、斋尔等地。后来考虑到承德入觐结束后，已到深秋季节，塞外边陲之地早已冰封雪飘，因此又下谕旨，提出冬天暂且住在斋尔地区过冬，次年春天再具体安置。但六万人挤在一个狭小的斋尔之地，矛盾也不断发生，渥巴锡所率各部与舍楞所率各部、策伯尔多

尔济所率各部矛盾不时激化，偷盗时有发生，械斗之事不可胜计，清政府为了及时调和矛盾，迅速给他们划分了牧地。

清政府为了尽快实现指地安置、间隔而居的意图，在1771年秋冬之际，根据首领的分封情况，进行了安置。

乾隆三十六年十月初（1771年11月），舍楞在清政府官员吉福、阿育锡陪同下率领其部众前往科布多、阿尔泰一带，择地过冬。次年5月，舍楞被安置在阿尔泰

乌拉台地方，与杜尔伯特同居之，舍楞为盟长，归乌里雅苏台定边左副将节制，科布多参赞大臣管辖。

1772年1月，策伯尔多尔济移驻和布克赛尔。策伯尔多尔济察看其地后，认为该处水草俱佳，十分感激，等其弟奇哩布病愈后，立即迁入和布克赛尔。该部归伊犁将军节制，塔尔巴哈台参赞大臣兼辖。

同时，巴木巴尔移驻济尔噶勒乌苏，

归乌鲁木齐都统和伊犁将军节制，库尔哈喇乌苏办事大臣兼辖。默门图、达什敦多克移驻精河一带，归伊犁将军节制，库尔哈喇乌苏办事大臣兼辖。渥巴锡部在斋尔伊犁原地，由伊犁将军总理一切事务，受哈喇乌苏大臣兼辖。

1772年5月，恭格驻尤勒都斯草原，由伊犁将军节制，喀喇沙尔办事大臣管辖。

土尔扈特部众被暂时安置在斋尔后，

　　远途劳顿虽然解除了，但是，随之而来的是面临生活中的种种困难。

　　对于突如其来的数万民众，清政府动员了全国的力量，从各地调入了大量的米粮、皮衣、牲畜等物品来帮助土尔扈特人渡过难关。

　　土尔扈特人在回归的过程中，起程之时正值严冬，夏季才抵达，途中又有俄政府的围追堵截，行进中，蒙古包、帐篷全部丢弃，一路风餐露宿，旅途异常艰苦。

往往行至大漠之时，数日没有水喝，遇到
水后，又不管水质好坏，尽情狂饮，导致
牲畜和人死亡很多。到达伊犁时，深受疾
病的侵害。尤其是渥巴锡的部众，由于在
前方冲锋陷阵，伤亡很大，患病的也最
多。鉴于渥巴锡部众贫病交加的情况，清
廷加以区别对待，凡病弱伤残者，约一万
余人，一律暂行留在伊犁，安置于伊犁河
南岸克特曼、双科尔等地养病，使之免于
再受路途颠簸之苦，将尚属强壮、能够坚
持行走者迁往斋尔。但这部分渥巴锡
部众到达斋尔之后，不
幸事件突然降
临，乾

隆三十六年秋冬以来，天花开始在渥巴锡所属部众中流行，本已很脆弱的生命抵御不了瘟疫的肆虐，许多人因此而丧生。渥巴锡的妻子、女儿、母亲都因患天花而去世。渥巴锡部众出天花者众多，不断有染患者，而痊愈者极少。几个月间因为天花而亡的人已达三千三百九十余人。渥巴锡遭此不幸，乾隆帝很是同情，立即谕令护送渥巴锡等从避暑山庄返回游牧地的户部侍郎福康安加以安抚，并转赏银两要渥巴锡回至游牧地后，用于为其亲人念经超度。渥巴锡离开避暑山庄后，一路缓

行,于乾隆三十七年(1772年)正月十二日才返抵其游牧地博湖图,但为避痘疫,并未深入其游牧地,只是住在边缘地带,直至月余之后仍未去探视其幸存的婴儿;所属斋桑等来见,也不准进蒙古包,只是命人传话。也许正是这些防范隔离措施,使渥巴锡逃过一劫而得以幸免。这年年底,疾病和天花再次流行,又有不少人死亡。天花不仅夺走了数千人的生命,而且也使幸存者产生了恐慌心理,包括渥巴锡本人在内的部众都不愿再在斋尔居住,他们希望能有更好的生存环境。

在土尔扈特回归之初,清政府就确定了令其"农牧并举"的方针。但土尔扈特蒙古原本是游牧民族,不谙农事,虽经清廷拨给籽种、农

具，挑派绿营兵教习耕作技术，毕竟是一厢情愿的事，其耕种者本身并无生产积极性。乾隆三十七年（1772年），渥巴锡部众种下粮食后，也未善加管理，却远牧他处，再加上这年雨水稀少，山水短缺，渥巴锡部众只是作法祈雨，也未找水源引水灌溉，天旱地干，所种作物长势不佳，及至最后，全都枯黄，基本颗粒无收。

为了摆脱困境，渥巴锡多次请求清政府移地放牧，终获批准。经过多次考察，

渥巴锡终于选定了水草丰美, 气候适宜的
珠尔都斯草原放牧。珠尔都斯, 是回语星
星的意思, 其地泉眼如星, 因此得名。位
于伊犁东南路, 纳喇特山与艾尔温根乌
拉之间的高位山间盆地, 开都河蜿蜒其
间, 水草丰茂, 极宜放牧。乾隆三十八年
七月(1773年), 渥巴锡率所领土尔扈特
南路盟分六队, 在厄鲁特兰翎伊斯麻里

及熟悉道路的维吾尔族人噶札那奇伯克和买麻特·克里木向导的指引下，向珠尔都斯草原移牧。此前，清政府将原在尤勒都斯草原游牧的和硕特恭格部，移牧于博斯腾湖畔以西以北之地，以便腾出尤勒都斯草原供渥巴锡部游牧。至此，土尔扈特的游牧地基本确定。

渥巴锡所领之地称旧土尔扈特，划分为东、西、南、北四路，设四盟，各立盟长，颁发官印。南路在喀喇沙尔北珠尔都

斯草原，置四旗，渥巴锡为盟长；北部在和布克赛里，置三旗，策伯尔多尔济为盟长；西路在精河县一带，置一旗，默门图为盟长；东路在库尔喀喇乌苏一带，置二旗，巴木巴尔为盟长。

舍楞所领之地称新土尔扈特部，游牧于科布多、阿尔泰一带，置二旗，舍楞为盟长。

和硕特恭格部，游牧于博斯腾湖畔，置四旗，恭格为盟长。

上述游牧于新疆的土尔扈特各盟，由哈拉沙尔办事大臣、台尔巴哈台领队大臣、库尔喀喇乌苏领队大臣分别管辖，由伊犁将军总理其事。

新疆维吾尔自治区现存的八颗银印，就是乾隆四十年（1775年）清政府颁发给土尔扈特及和硕特的官印。其中有"乌纳恩苏珠克图旧土尔扈特部卓里克图汗之印"，印文的汉语意思是：忠诚的旧土尔扈特部英勇之王。这颗印是给渥

巴锡及其继承者策琳纳木扎勒的。还有一颗是颁发给策伯尔多尔济的"乌纳恩苏珠克图旧土尔扈特北部盟长之印",还有各札萨克之印。

由于东归,土尔扈特各部民众财产损失极大,人民生活贫困,清政府虽然全力赈济,但一时难以使新归的部落稳定下来。土尔扈特部安置之初,偷盗、抢劫、伤人的事情时有发生,土尔扈特各部秩

序混乱，管理困难。面对这种情况，为了保持部族稳定，维持人民生活安定，渥巴锡制定了适合土尔扈特部实际的法规、法纪，于乾隆三十九年（1774年）在部内实行。主要内容如下：

1.健全管理体制，明确管理职责。宰桑管辖的人中，每十户设一名大甲长、一名小甲长统一管理放牧。如有偷盗的，甲长有权力给予处罚，每人每次偷盗行为，罚一头骆驼。甲长要是保护或包庇盗贼，按照情节的轻重治甲长的罪。对属下有偷盗行为的人不予报告，将罢免他的宰桑职务，没收他管理的牧民与和屯，交给其他人管理，并抽打三十鞭，戴枷号令三十天。

　　2.惩治分赃。和偷盗的人瓜分赃物的人，和盗贼治同样的罪。

3.奖惩分明。奖励检举盗贼的人,假设受到刁难,按照他的意愿,迁移到其他头人处居住放牧。假设有擒拿抓获盗贼的人,则将盗贼的财产、牲畜全部赏给擒拿捉获盗贼的人。

防盗法纪实行后,有效防止了盗窃行为的蔓延,维持了部众生活的稳定。随后游牧在博斯腾湖畔的和硕特部,也制定了法纪十条,并颁布施行,内容基本和渥

巴锡颁布的防盗法纪相类同，只是扩大了甲长的权力，并增加了制止部众逃亡的条例。

乾隆三十九年十二月八日（1775年1月9日），渥巴锡因病去世，终年33岁。他在弥留之际，对其部众留遗言说："安分度日，勤奋耕田，繁衍牲畜，勿生事端，致盼致祷。"乾隆闻讯后，特派乾清门侍卫鄂兰前往游牧处祭奠。4月6日，鄂兰向渥巴锡之续妻宣读乾隆谕旨：渥巴锡自归顺以来，一切甚为恭顺，惊悉渥巴锡之噩

耗，殊为恻怜，今按律例，汗之封号令其长子策凌纳木札勒承袭汗爵，并袭札萨克封号，赏银千两厚葬。

渥巴锡的一生十分短暂，但在其短暂的一生中，他始终为本民族的生存和发展鞠躬尽瘁。为达到此目的，他与土尔扈特部人民战胜了难以想象的艰难困苦，承受了极大的民族牺牲，用勇敢和智慧完成万里长征，用生命和鲜血谱写了壮丽的诗篇，终于回到祖国的怀抱。土尔扈特部的东归，是人类历史上的一次壮举。英国作家昆德赛在他的著作《鞑靼人的反叛》一书中曾这样评价："从最早的历史记录以来，没有一桩伟大的事业，能像土尔扈特人跨越无垠的草原，东返祖国那样轰动世界和激动人心的事。"回国后，渥巴锡又能够顾全大局、审时度势，放弃个人利益，为部族的稳定和祖国的统一作出了历史性的贡献。

对于土尔扈特部的回归，俄国政府一直不甘心。早在1771年4月（乾隆三十六年三月），俄国政府就致函清政府，如土尔扈特部归清，要求清政府送还。乾隆帝回应：这些厄鲁特臣民是大清的子民，过去舍楞逃到俄国，你们也没把他送还，反而接纳安置，已经不尽情理了，现在他们归国，我们不会再把他们送回去的。

　　理藩院在乾隆三十六年七月四日（1771年8月13日）致俄国萨纳特衙门（枢密院）的咨文中明确宣称：土尔扈特渥巴锡等既不是我大清王朝以武力征服的，也不是我们骗来的，是他们在那里忍受不了你们的剥削和压迫，希望得到我们的恩典，愿意做我们的国民，诚心归来的。这么恭顺归附，我们不能把他们再交给你们。

　　俄国政府当然不甘心自己的失败，就土尔扈特部回归一事一再和清政府纠

缠。1772年，俄国萨纳特衙门又一次行文清政府理藩院，要求将土尔扈特部交予俄方，甚至以武力威胁。理藩院于8月复文，要点如下：

第一，俄政府的来文称，相邻各国，没有收留别国属民的例子，清政府不应收留土尔扈特。清政府回答，土尔扈特渥巴锡等人，于你俄国本来就是不同的部落，也不属于你们国家，他们从我们的准噶尔盆地进入你们国境，但你们对他们的征调烦苛，他们不能忍受，才率众回归。我们的皇上怜悯人民，哪有不接纳愿意回归的人民的道理？

　　第二，俄国政府要求归还杜丁大尉等150名俘虏。清政府回复，你国明明知道杜丁大尉等150人已经死亡，土尔扈特那里没有你们俄罗斯人。

　　第三，俄国政府称，如清政府不满足俄政府的要求，就要用武力相威胁。清政府答复，用武力或者是和平相处，随你们的便。我们清朝大皇帝只想安抚我们的人民，不会轻信别人说什么，如果你们想背弃协约，你们就做吧。

　　同时，清政府又通知伊犁将军舒赫德和渥巴锡，指出了俄政府来文的"诬枉"，也表示土尔扈特部人民绝对不可能再送给俄国。

　　土尔扈特部的回归，表现了土尔扈特人对祖国的热爱和认同，回归的计划经过土尔扈特部八位汗王、七代子孙的努力，付出了巨大的代价后终于成功。他们的回归创造了人类历史上的一个奇迹，他们为维护祖国的统一、中华民族的团结作出了不可磨灭的贡献。